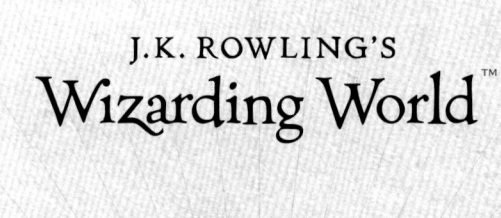

J.K. ROWLING'S
Wizarding World™

DIE
DUNKLEN KÜNSTE

DAS HANDBUCH ZU DEN FILMEN

PANINI BOOKS

An Insight Editions Book

EINFÜHRUNG IN DIE DUNKLEN KÜNSTE

Zaubersprüche, die Hexen oder Zauberer entwaffnen, bewusstlos machen oder hilflos in der Luft baumeln lassen; Kreaturen so gefährlich, dass ihr Opfer allein schon durch einen indirekten Blick in ihre Augen zu Stein erstarrt; Flüche, die ihre Opfer beherrschen, quälen oder sogar töten, einige davon so unverzeihlich, dass darauf lebenslange Haft in einem von Seelen aussaugenden Wesen bewachten Gefängnis steht; giftige Zaubertränke, entsetzliche Zauberformeln und verfluchte Gegenstände, die von zwielichtigen Händlern verkauft werden. Dies sind nur ein paar Beispiele für die dunklen Kräfte, mit denen es die Zauberwelt zu tun hat.

Im heutigen Großbritannien gibt es einen Zauberer, der derart böse dunkle Magie praktiziert, dass niemand es wagt, seinen Namen auszusprechen. Lord Voldemort bedient sich in den Harry-Potter-Filmen der dunkelsten aller Gestalten, Flüche und Zaubersprüche und schart eine Armee dunkler Zauberer, die sogenannten Todesser, um sich, als er versucht, das einzige Hindernis auf seinem Weg zur Alleinherrschaft über die Zauberergemeinschaft zu vernichten: Harry Potter – den Jungen, der lebt.

Phantastische Tierwesen und wo sie zu finden sind spielt viele Jahre vor Harry Potter. Jahrhundertelang hielten sich die amerikanischen Zauberer an das Geheimhaltungsabkommen, ein Gesetz, das nach den Hexenprozessen von Salem geschaffen wurde, um die Existenz der Zauberer vor den Nichtzauberern (No-Majs) geheim zu halten. Der Zauberer Newt Scamander, ein ehemaliger Schüler von Hogwarts, kommt 1926 nach New York City. In seinem Koffer verbergen sich allerlei magische Tierwesen, von denen unglücklicherweise ein paar entkommen und den Auroren und Mitgliedern des Magischen Kongresses der Vereinigten Staaten von Amerika (MACUSA) großes Kopfzerbrechen bereiten. Zeitgleich ist eine No-Maj-Gruppe namens „Zweite Salemer" auf dem Vormarsch, die Loyalität des Leiters der Abteilung für magische Strafverfolgung des MACUSA wird infrage gestellt, und die Stadt wird von einer eigenartigen gewaltsamen Macht heimgesucht. Angesichts all dieser Umstände besteht die Gefahr, dass die Zauberergemeinschaft auffliegt. Manchmal können gut gehütete Geheimnisse dunkle Folgen haben.

Harry erfährt erst durch einen Brief von Hogwarts, der Schule für Hexerei und Zauberei, dass er ein Zauberer ist. Zum Glück gibt es dort die Fächer Zaubersprüche, Zaubertränke und vor allem Verteidigung gegen die dunklen Künste, in denen die Schüler lernen, sich gegen heimtückische Magie und bedrohliche Kreaturen zu schützen und zu verteidigen. Außerdem findet Harry Verbündete in Lehrern und Freunden, die fest entschlossen sind, an seiner Seite gegen den Dunklen Lord zu kämpfen.

Harry Potter

In der Zauberwelt der Harry-Potter-Filme tummeln sich allerlei dunkle Kräfte: dunkle Wesen, Gegenstände, Hexen und Zauberer. Vor den Ereignissen von *Harry Potter und der Stein der Weisen* lebt die Zauberergemeinschaft in Angst vor einem der dunkelsten aller Zauberer, Lord Voldemort. Mithilfe seiner Anhänger, der Todesser, versucht er seinen Plan umzusetzen, Halbblüter zu vernichten und die Regierung der Zauberer, das Zaubereiministerium, zu übernehmen. Seine Schreckensherrschaft endet erst, als er den Todesfluch an einem Baby anwendet, das ihn laut Prophezeiung besiegen wird: Harry Potter. Der Fluch prallt von Harrys Stirn ab, und Voldemort verschwindet. Harry Potter wächst heran und kommt nach Hogwarts, wo bald klar wird, dass sich die dunklen Kräfte abermals für die Rückkehr des Dunklen Lords und einen weiteren Anschlag auf Harry bereit machen.

LORD VOLDEMORT

Lord Voldemort – geboren als Tom Vorlost Riddle – ist bei den Zauberern so gefürchtet, dass sie ihn fast ausschließlich als „Er, dessen Name nicht genannt werden darf" (und manchmal als „Du weißt schon wer") bezeichnen. In seinem Streben nach Unsterblichkeit erschafft er mithilfe dunkelster Magie Horkruxe, um darin Teile seiner Seele zu verbergen. Er versucht auch, den Todesfluch an einem Kleinkind anzuwenden, das laut Prophezeiung die Macht hat, ihn zu besiegen: Harry Potter.

Als der Fluch auf Voldemort zurücktrifft, verliert er seinen Körper und wird machtlos und geisterhaft, bleibt jedoch am Leben. Um wieder körperliche Gestalt zu erlangen, führt er in *Harry Potter und der Feuerkelch* eine magische Zeremonie durch, und wir bekommen wieder einen Dunklen Lord in Fleisch und Blut zu sehen (dargestellt von Ralph Fiennes).

Nach den Vorstellungen der Make-up-Designer sollte Voldemorts kahler Kopf durchscheinend wirken und sichtbare Venen haben. Am einfachsten war es, Ralphs Kopf jeden Tag mit aufklebbaren Tattoos zu versehen. Der Schauspieler trug außerdem hässliche falsche Zähne und an seinen Füßen schmutzige Klauen. „Es erschien einfach nicht passend, dass er Schuhe trug", erklärt Fiennes. „Immerhin ist er gerade einem Kessel entstiegen!" Für Voldemorts schlangenähnliche Nase „entfernten" die Spezialisten für visuelle Effekte Ralphs echte Nase und ersetzten sie durch eine abgeflachte Nase mit Schlitzen. Der Schauspieler ist in einen dünnen, weich fließenden Seidenstoff gehüllt, der wie eine neue Haut anmutet. Je mehr Voldemort an Macht gewann, desto mehr Stoffschichten kamen hinzu. Bei seinem Kampf gegen Dumbledore im Zaubereiministerium in *Harry Potter und der Orden des Phönix* trug Ralph Fiennes über 50 Meter Seide.

Voldemort

TOM RIDDLE

Gleich drei Schauspieler verkörperten den jungen Voldemort. Christian Coulson spielte Tom Riddle in *Harry Potter und die Kammer des Schreckens*, wohingegen Hero Fiennes-Tiffin (ja – Ralph Fiennes' Neffe) die jüngste Version in *Harry Potter und der Halbblutprinz* mimte. Im selben Film übernahm Frank Dillane die Rolle des Voldemort als Jugendlicher; er musste eine brünette Perücke und passend zu Ralph Fiennes' Augenfarbe blaue Kontaktlinsen tragen.

Mehr als sechshundert Todesser-Roben wurden für *Harry Potter und die Heiligtümer des Todes – Teil 2* genäht.

TODESSER

Todesser, Lord Voldemorts Anhänger, schrecken nicht davor zurück, die dunklen Künste anzuwenden. In *Harry Potter und der Feuerkelch* suchen Todesser mit schmucklosen Roben, langen Kapuzen und totenkopfartigen Halbmasken die Quidditch-Weltmeisterschaft heim. Für die Szene, in der Voldemort seine engsten Unterstützer am Friedhof von Little Hangleton, der letzten Ruhestätte der Familie Riddle, um sich schart, wurden die Masken digital entfernt. In *Harry Potter und der Orden des Phönix* dagegen dachte Konzeptkünstler Rob Bliss, dass die Todesser noch Furcht einflößender wirken würden, wenn die Masken das ganze Gesicht bedeckten und mit Augenschlitzen versehen waren. Jede Maske besaß ein einzigartiges Design. Die Todesser wurden auch mit ledernen Zauberstab-Halftern ausgestattet.

FENRIR GREYBACK

Der Werwolf Fenrir Greyback, der von Dave Legeno dargestellt wurde, war offiziell zwar kein Todesser, aber ein aktiver Unterstützer von Voldemort. Der Creature Designer Nick Dudman wollte, dass Greyback in *Harry Potter und der Halbblutprinz* so aussah, als wäre er inmitten der Verwandlung vom Mensch zum Wolf stecken geblieben. Für *Harry Potter und die Heiligtümer des Todes – Teil 2* erhielt Greyback ein wölfischeres Aussehen mit dichtem Fell.

BELLATRIX
LESTRANGE

Bellatrix Lestrange ist Lord Voldemorts wohl ergebenste Anhängerin. Für ihre Verbrechen an anderen Zauberern, darunter die Anwendung des Cruciatus-Fluchs gegen Neville Longbottoms Eltern, wird sie in Askaban eingesperrt. Von dort kann sie jedoch fliehen und schließt sich dem Dunklen Lord im Zweiten Zaubererkrieg an. Beim Kampf im Zaubereiministerium tötet sie ihren Cousin Sirius Black, und in der Schlacht von Hogwarts greift sie Ginny Weasley an, woraufhin sie von Ginnys Mutter Molly getötet wird.

Die Schauspielerin Helena Bonham Carter nahm an, dass Bellatrix einst sehr glamourös gewesen war, aber nach vierzehn Jahren in Askaban nun verwahrlost aussah. In *Harry Potter und der Orden des Phönix* ist Bellatrix mit faulen Zähnen, eingesunkenen Wangen und langen, knorrigen Nägeln zu sehen. Ihr Kleid ist ein zerschlissener Fetzen. In *Harry Potter und der Halbblutprinz* hat sich Bellatrix ein wenig zurechtgemacht, „obwohl mir eigentlich die abgewrackte Version besser gefiel", verrät Helena Bonham Carter.

DIE FAMILIE MALFOY

Lucius Malfoy und seine Ehegattin Narzissa (Bellatrix Lestranges Schwester) sind die Oberhäupter der reichen, reinblütigen Slytherin-Familie, die Lord Voldemort seit dem Ersten Zaubererkrieg unterstützt hat. Ihr Sohn Draco ist ein Klassenkamerad und Rivale von Harry Potter in Hogwarts.

LUCIUS UND NARZISSA MALFOY

Der Schauspieler Jason Isaacs (Lucius) trug eine blonde Langhaarperücke. „Damit sie gerade saß", erklärt er, „musste ich den Kopf in den Nacken legen, sodass ich hochnäsig auf alle anderen herabblickte". Helen McCrory (Narzissa) hatte ebenfalls eine einzigartige Frisur, die die Haarfarben ihrer Schwester (braun) und ihres Ehegatten (blond) vereinte.

DRACO MALFOY

Während der Schlacht von Hogwarts in *Harry Potter und die Heiligtümer des Todes – Teil 2* überquert Draco den Schulhof von Hogwarts, um sich seinen Eltern auf Voldemorts Seite anzuschließen. Tom Felton (Draco) und Ralph Fiennes (Voldemort) drehten mehrere unterschiedliche Versionen dieser Szene, darunter jene, in der Voldemort Draco umarmt. Toms erschrockener und unbehaglicher Gesichtsausdruck ist nicht gespielt – er hatte keine Ahnung, dass Ralph das tun würde.

DIE UNVERZEIHLICHEN FLÜCHE

Es gibt drei Flüche, die das Zaubereiminis-
terium, die Regierung der Zauberer, unter-
sagt, weil sie einfach ... unverzeihlich sind.
Ihre Anwendung wird mit lebenslanger
Haft im Gefängnis Askaban bestraft.
Die unverzeihlichen Flüche sind:

IMPERIO

Der Imperius-Fluch zwingt sein Opfer dazu, alles zu tun, was der angreifende Zauberer von ihm verlangt. Harry Potter setzt diesen Fluch bei Bogrod dem Kobold in Gringotts ein, um sich Zutritt zu Bellatrix Lestranges Verlies in *Harry Potter und die Heiligtümer des Todes – Teil 2* zu verschaffen.

CRUCIO

Der Cruciatus-Fluch ist auch als Folter-Fluch bekannt. Das Opfer erleidet schreckliche Qualen, die es manchmal um den Verstand bringen. In *Harry Potter und der Feuerkelch* verrät Neville Longbottom Harry, dass Bellatrix Lestrange und andere Todesser den Cruciatus-Fluch an seinen Eltern angewandt haben.

AVADA KEDAVRA

Der Todesfluch *Avada Kedavra* führt zum sofortigen Tod. Bisher hat nur ein einziger diesen Fluch überlebt: Harry Potter. Sein Schutz war die aufopfernde Liebe seiner Mutter, wie in *Harry Potter und der Stein der Weisen* zu sehen ist.

HORKRUXE

Ein Horkrux ist ein Objekt oder etwas Lebendiges, in das Zauberer oder Hexen einen Teil ihrer Seele stecken, sodass sie weiterleben, auch wenn ihr Körper zerstört wird. Dabei handelt es sich um die wohl böseste aller dunklen Kräfte, da Horkruxe nur durch einen Mord erzeugt werden können. Voldemort hat sieben Horkruxe von sich hergestellt, die Harry Potter finden und vernichten muss, um den Dunklen Lord zu besiegen. Zum Glück eliminiert er bereits einen in *Harry Potter und die Kammer des Schreckens*, ohne zu wissen, worum es sich dabei handelt. Einen weiteren beseitigt Dumbledore in *Harry Potter und der Halbblutprinz* – und bezahlt dafür mit seinem Leben. Diese einzigartigen Artefakte entstanden in enger Zusammenarbeit zwischen der Requisiten-, Grafik- und Visual-Effects-Abteilung.

TOM RIDDLES TAGEBUCH

Harry durchbohrt Tom Riddles Tagebuch mit einem Basiliskenzahn in *Harry Potter und die Kammer des Schreckens*. Dank eines Röhrchens unter dem Buch, aus dem eine schwarze Flüssigkeit austritt, scheint das Buch zu „bluten".

VORLOSTS RING

Diesen Horkrux, Voldemorts Familienring, eliminiert Albus Dumbledore in *Harry Potter und der Halbblutprinz*. Als Verweis auf seinen ursprünglichen Besitzer Salazar Slytherin setzt sich das Stück aus zwei Schlangenköpfen zusammen, die einen Edelstein halten.

SALAZAR SLYTHERINS MEDAILLON

Das Medaillon, das Harry und Professor Dumbledore in *Harry Potter und der Halbblutprinz* finden, entpuppt sich als unechter Horkrux. In *Harry Potter und die Heiligtümer des Todes – Teil 2* macht Harry den echten ausfindig. Beide Medaillons wurden mit astrologischen Symbolen und einem „S" aus grünen Steinen verziert. Als weiterer Bezug zu Slytherin stellt die Anhängervorrichtung des echten Medaillons eine kleine gewundene Schlange dar. Ron Weasley vernichtet den Horkrux mithilfe des Schwerts von Gryffindor.

HELGA HUFFLEPUFFS BECHER

Der Hufflepuff-Becher wird in *Harry Potter und die Heiligtümer des Todes – Teil 2* gefunden. Er befindet sich in Bellatrix Lestranges Verlies in Gringotts, wo sich durch einen Zauberspruch alles bei Berührung vervielfältigt. Die Requi-

sitenbauer fertigten Tausende Exemplare aus Gummi, durch die Harry, Ron und Hermine waten mussten. Schließlich zerstört Hermine diesen Horkrux mit einem Basiliskenzahn in der Kammer des Schreckens.

ROWENA RAVENCLAWS DIADEM

Das Ravenclaw-Diadem weist typische Symbole des von Rowena Ravenclaw gegründeten Hauses auf. In das silberne Metalldiadem, das einer Tiara gleicht, ist der Leitsatz des Hauses Ravenclaw graviert. Es ist mit blauen und weißen Steinen besetzt und besitzt die Form eines Adlers. In *Harry Potter und die Heiligtümer des Todes – Teil 2* zerstört Harry das Diadem, indem er einen Basiliskenzahn hineinrammt. Dann kickt Ron es in das Dämonsfeuer, das im Raum der Wünsche tobt.

NAGINI

Die Schlange Nagini ist der einzige Horkrux in den Filmen, der ausschließlich im Computer entstand. Ihre erste Gestalt zeigte eine Mischung aus Python und Anakonda. Für *Harry Potter und die Heiligtümer des Todes – Teil 1* und *Teil 2* verpasste das Team ihr die Bewegungen einer Viper und einer Kobra, um sie noch bedrohlicher wirken zu lassen. Neville Longbottom tötet Nagini in der Schlacht von Hogwarts mit dem Schwert von Gryffindor.

HARRY POTTER

Die blitzförmige Narbe auf Harry Potters Stirn ist ein Zeichen für den Rückprall von Voldemorts Todesfluch, wodurch unabsichtlich ein Horkrux entstand. Der Teil von Voldemorts Seele, der in Harry Potter ruht, wird zerstört, als Voldemort in *Harry Potter und die Heiligtümer des Todes – Teil 2* abermals einen Todesfluch an Harry ausführt.

DAS DUNKLE MAL

Das Dunkle Mal – die Darstellung eines Totenschädels, aus dessen Mund sich eine Schlange windet – ist ein Symbol der Loyalität gegenüber dem Dunklen Lord. Die Todesser haben es auf ihrem linken Arm eingebrannt. Das Mal dient als magisches Kommunikationsmittel zwischen Voldemort und seinen Anhängern: Berührt Voldemort das Dunkle Mal irgendeines Todessers, versammeln sich seine Getreuen sogleich um ihn.

Mithilfe des Zauberspruchs *Morsmordre* kann das Dunkle Mal auch am Himmel heraufbeschworen werden, wie in *Harry Potter und der Feuerkelch* und *Harry Potter und der Halbblutprinz* zu sehen ist.

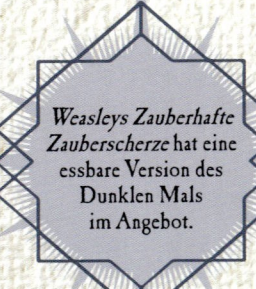

Weasleys Zauberhafte Zauberscherze hat eine essbare Version des Dunklen Mals im Angebot.

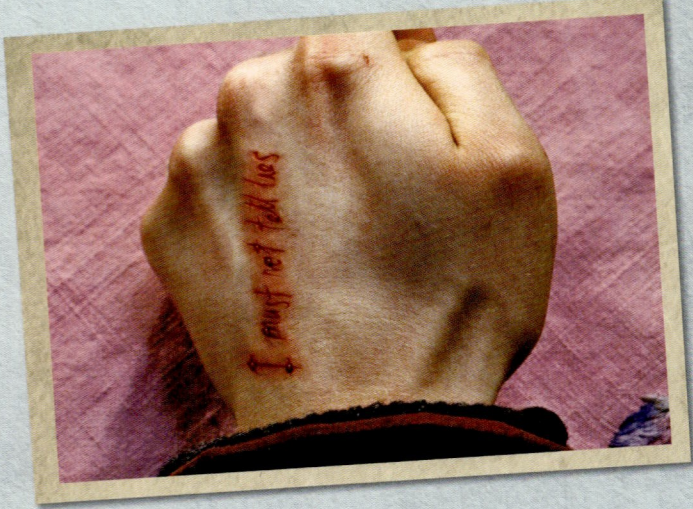

PROFESSOR UMBRIDGES SCHNEIDENDE SCHREIBFEDER

In *Harry Potter und der Orden des Phönix* verdonnert Dolores Umbridge, die Lehrerin für Verteidigung gegen die dunklen Künste, Harry Potter zu einer Strafarbeit. Dabei muss er den Satz „Ich soll keine Lügen erzählen" schreiben. Umbridge überreicht ihm dafür eine ganz spezielle Schreibfeder, die als Tinte das Blut des Schreibenden verwendet. Die geschriebenen Buchstaben werden zugleich in den Handrücken des Benutzers geritzt. Zum Glück konnte diese Szene mithilfe visueller Effekte gedreht werden.

THE ORDER OF THE PHOENIX

TM & © WBEI. (s17)

DEATHLY ✦ HALLOWS

TM & © WBEI. (s17)

TM & © WBEI. (s17)

★★★★★ SERVICES REQUIRED ★★★★★

YOUR MINISTRY NEEDS **YOU**

→ JOIN THE MINISTRY'S ONLY
OFFICIAL ATTACK SQUAD →

DON'T FALL VICTIM!
SIGN UP NOW

WARNING: MUST BE OF ADULT WIZARDING STATUS TO SIGN UP

TM & © WBEI. (s17)

STAMP OUT THE ENEMY

BE AWARE OF DEATH EATERS

REPORT TO THE MINISTRY IF YOU SPOT ANY SUSPICIOUS WIZARDS

TM & © WBEI. (s17)

EXPECTO PATRONUM!

TM & © WBEI. (s17)

DEATHLY ✦ HALLOWS

TM & © WBEI. (s17)

THE ORDER OF THE PHOENIX

TM & © WBEI. (s17)

TM & © WBEI. (s17)

WATCH YOUR BACK

COVERT DEATH EATERS
ARE OMNIPRESENT

REPORT ANY SUSPICIOUS ACTIVITY
FORTHWITH TO THE AUROR OFFICE
AT THE MINISTRY OF MAGIC

TM & © WBEI. (s17)

WARNING!

**DEATH EATERS
ARE AMONG US!**

**HELP
US TO
HELP YOU!**

YOUR INFORMATION IS VITAL

INFORM THE MAGICAL LAW ENFORCEMENT SQUAD
OF ANY SUSPICIOUS BEHAVIOUR

TM & © WBEI. (s17)

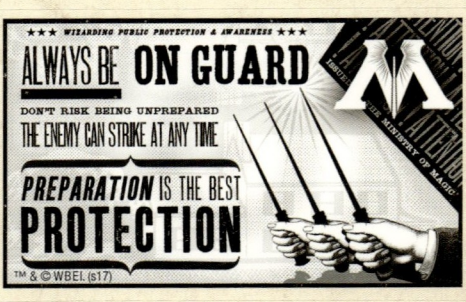

★★★ WIZARDING PUBLIC PROTECTION & AWARENESS ★★★

ALWAYS BE **ON GUARD**

DON'T RISK BEING UNPREPARED
THE ENEMY CAN STRIKE AT ANY TIME

PREPARATION IS THE BEST
PROTECTION

TM & © WBEI. (s17)

KATIE BELLS OPALHALSKETTE

Als die Quidditch-Spielerin Katie Bell in *Harry Potter und der Halbblutprinz* eine mit Flüchen belegte Opalhalskette berührt, steigt sie in die Luft auf und krümmt sich vor Schmerz. Da man eine Schauspielerin beim Dreh unmöglich längere Zeit kopfüber an einem Seil herabhängen lassen kann, nahm das Team einen Ganzkörperabdruck von Georgina Leonidas ab. Dabei wurde von ihrem Körper eine Gips-Gussform angefertigt und mit Polyurethan ausgegossen. Der Kunststoffkörper wurde bemalt und erhielt Wimpern, Augenbrauen und Haare.

VERSCHWINDEKABINETTE

In einem Verschwindekabinett können Objekte oder Wesen in ein anderes Verschwindekabinett gelangen. In *Harry Potter und der Halbblutprinz* hat der neue Todesser Draco Malfoy dafür zu sorgen, dass die Todesser über ein im Raum der Wünsche verborgenes Verschwindekabinett, das mit einem zweiten bei *Borgin und Burkes* in der Nokturngasse verbunden ist, nach Hogwarts gelangen können. Szenenbildner Stuart Craig war darauf bedacht, dass das Kabinett mit seiner Größe, Schlichtheit und dunklen Silhouette in dem mit Requisiten vollgepferchten Raum hervorstach.

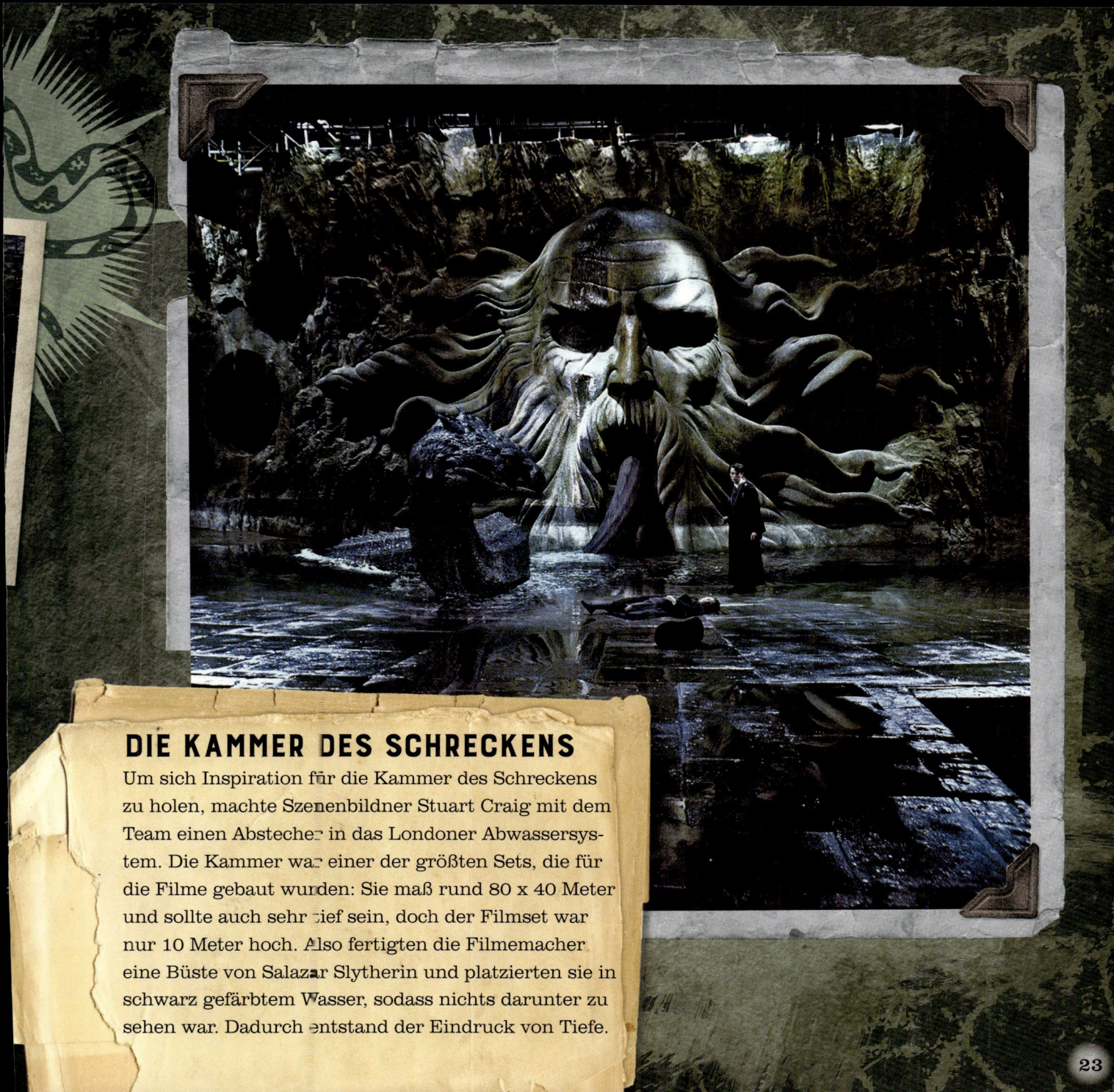

DIE KAMMER DES SCHRECKENS

Um sich Inspiration für die Kammer des Schreckens zu holen, machte Szenenbildner Stuart Craig mit dem Team einen Abstecher in das Londoner Abwassersystem. Die Kammer war einer der größten Sets, die für die Filme gebaut wurden: Sie maß rund 80 x 40 Meter und sollte auch sehr tief sein, doch der Filmset war nur 10 Meter hoch. Also fertigten die Filmemacher eine Büste von Salazar Slytherin und platzierten sie in schwarz gefärbtem Wasser, sodass nichts darunter zu sehen war. Dadurch entstand der Eindruck von Tiefe.

DEMENTOREN

Dementoren sind dunkle Gestalten, die das Gefängnis Askaban bewachen. Sie treten zum ersten Mal in *Harry Potter und der Gefangene von Askaban* auf, als einige von ihnen vom Zaubereiministerium entsandt werden, um die Schüler vor dem flüchtigen Sirius Black zu beschützen. Als Voldemort die Herrschaft über das Ministerium übernimmt, werden die Dementoren im Kampf gegen die Helden von Hogwarts eingesetzt. Sie ernähren sich von den positiven Empfindungen einer Person, indem sie diese ihren Opfern entziehen. Mit ihrem tödlichen „Kuss" können sie einem die Seele aus dem Leib saugen.

Dementoren sind gespenstische Wesen, die durch die Luft schweben. Daher entwarf der Konzeptkünstler Rob Bliss Skelettgestalten, die in zerschlissene schwarze Umhänge gehüllt sind. Um ihre Bewegungen zu perfektionieren, filmte das Team die Modelle der Dementoren mithilfe verschiedener Wind- und Lichteffekte und ließ die Aufnahmen rückwärts oder in Zeitlupe ablaufen, aber das Ergebnis war nicht zufriedenstellend. Daher probierten sie es mit Unterwasseraufnahmen. Die Bewegungen sahen nun zwar besser aus, ihre Umsetzung wäre jedoch zu aufwendig gewesen. Schließlich wurden die Dementoren im Computer zum Leben erweckt, wofür man sich an den vorangegangenen Tests orientierte.

INFERI

Inferi sind wiederauferstandene Leichen, die verhext sind. Wie in *Harry Potter und der Halbblutprinz* zu sehen ist, erschuf Lord Voldemort eine ganze Armada von Inferi zur Bewachung der Kristallhöhle, in der er das Slytherin-Horkruxmedaillon versteckt. Wenngleich sie für dunkle Machenschaften eingesetzt werden, sind sie im Grunde Opfer. Daher mussten die Gestalten sowohl Furcht einflößend als auch bemitleidenswert aussehen.

Das Team fertigte lebensgroße Modelle eines männlichen und eines weiblichen Inferius, scannte sie in den Computer ein und bemalte sie in Schwarz- und Grautönen. Die Computeranimatoren sahen sich Bilder von echten Leichen und Körpern an, die lange Zeit im Wasser gelegen hatten, und verliehen den Inferi eine Haut mit einer der Vorlage entsprechenden Textur. Um die Bewegungsabläufe realistisch hinzubekommen, filmte man mittels Motion-Capture-Technik mehrere Schauspieler dabei, wie sie aus dem See der Höhle krochen. Außerdem filmte das Team Daniel Radcliffe in einem großen Wassertank, damit sich seine Haare und seine Kleidung realistisch bewegten, als er von den Inferi unter Wasser gezogen wird.

Da jedes Jahr ein anderer Professor den Unterricht in Verteidigung gegen die dunklen Künste übernahm, wurde der Raum stets so umgestaltet, dass er die Persönlichkeit des jeweiligen Lehrers widerspiegelte. In *Harry Potter und die Kammer des Schreckens* gab es den sehr eitlen Professor Lockhart. Daher säumten Fotos und Gemälde von ihm den ganzen Raum. Professor Lupins Klassenzimmer in *Harry Potter und der Gefangene von Askaban* war mit Naturobjekten gespickt, die der in der Vorstellung der Requisitenbauer auf seinen Reisen zusammengetragen hatte. Als Inspirationsquelle für Professor Moodys Raum in *Harry Potter und der Feuerkelch* diente dessen Glasauge: Überall fanden sich riesige optische Linsen. Dolores Umbridge lehrte in *Harry Potter und der Orden des Phönix* eigentlich kaum defensive Magie, daher beließ die Ausstatterin Stephenie McMillan den Raum ohne weitere Requisiten!

LEHRER FÜR VERTEIDIGUNG GEGEN DIE DUNKLEN KÜNSTE

Einige Professoren wandten die dunklen Künste selbst an, während andere dagegen ankämpften. Die Herausforderung war es, zu erkennen, wer zu welcher Kategorie gehörte!

QUIRINUS QUIRRELL
Harry Potter und der Stein der Weisen

Harrys Lehrer für Verteidigung gegen die dunklen Künste im ersten Schuljahr verbirgt ein sehr dunkles Geheimnis. Um zu verdecken, dass er seinen Körper mit Lord Voldemort teilt, musste sein Kostüm etwas Einmaliges haben. Daher wählte die Kostümbildnerin Judianna Makovsky einen Turban aus der Zeit der Renaissance, der lose gebunden war.

GILDEROY LOCKHART
Harry Potter und die Kammer des Schreckens

Zu den Büchern des Professors, bei dem Harry im zweiten Schuljahr Verteidigung gegen die dunklen Künste lernt, gehören Titel wie *Abstecher mit Vampiren* und *Trips mit Trollen*. Wie sich jedoch herausstellt, waren die Geschichten gestohlen, und außerdem ist es mit Professor Lockharts magischen Talenten nicht weit her (mit Ausnahme des Gedächtniszaubers). Schauspieler Kenneth Branagh trug für sein apartes Äußeres ein Gebiss mit strahlend weißen Zähnen und prachtvolle Kleidung in Gold und Blaugrau.

REMUS LUPIN
Harry Potter und der Gefangene von Askaban

Professor Lupin ist ein weiterer Lehrer mit einem Geheimnis: Er ist ein Werwolf. Die Filmemacher betrachteten seinen Zustand aber als Krankheit, daher ist Lupin nicht behaart und kraftvoll, sondern hager und mit Narben übersät. Zudem trägt er abgewetzte Kleidung. Bei der Verwandlung von Schauspieler David Thewlis kamen einige Hilfsmittel wie Kontaktlinsen und falsche Zähne zum Einsatz. Seine endgültige Gestalt als Werwolf aber entstand im Computer.

DOLORES UMBRIDGE
Harry Potter und der Orden des Phönix

Harrys Professorin im fünften Schuljahr hatte keine Geheimnisse. Sie wurde vom Zaubereiministerium eingesetzt, da dieses durch die dunklen Kräfte zunehmend in Bedrängnis geriet. Laut Schauspielerin Imelda Staunton sollte Umbridge einen roboterhaften Gang haben. Sie bat auch um Auspolsterungen vorn und hinten an ihren Kostümen. Im Gegensatz zu ihrer unbarmherzigen Persönlichkeit waren ihre Kleider zunächst zartrosa, doch je mehr sie ihr wahres Gesicht offenbarte, desto dunkler wurde die Farbgebung.

ALASTOR „MAD-EYE" MOODY
Harry Potter und der Feuerkelch

In Harrys viertem Schuljahr übernimmt Alastor Moody, ein ehemaliger Auror (Jäger schwarzer Magier), den Unterricht in Verteidigung gegen die dunklen Künste. Im Laufe seiner Kämpfe hat er ein paar Körperteile verloren. Das ferngesteuerte Auge, das der Schauspieler Brendan Gleeson trug, war mit Drähten verbunden, die sich unter seiner Gesichtsprothese und seiner Perücke verbargen. Das Haarteil bestand aus separaten Partien, die sich abnehmen ließen, wenn etwas an der Mechanik des Auges repariert werden musste. Auch Moody verbarg ein Geheimnis: Er war nicht der echte Moody, sondern der Todesser Barty Crouch Jr., der sich mithilfe von Vielsaft-Trank in den Professor verwandelt hatte.

ZAUBERTRÄNKE

Zaubertränke und ihre Zutaten können Personen dazu veranlassen, ihre Geheimnisse preiszugeben (Veritaserum), jemandes Aussehen verändern (Vielsaft-Trank) und glücklicherweise auch Leben retten (Bezoar). Professor Snape ist ein Meister dieser und vieler anderer Zaubertränke. In *Harry Potter und der Stein der Weisen* türmen sich in seinem Klassenzimmer fünfhundert von Hand beschriftete Behälter, die die Requisitenabteilung mit getrockneten Pflanzen, Knochen vom Fleischer und Plastiktieren aus dem Souvenirshop des Londoner Zoos befüllte. Professor Horace Slughorns Unterrichtsraum in *Harry Potter und der Halbblutprinz* enthielt sogar über eintausend Behälter!

DER ORDEN DES PHÖNIX

Der Orden des Phönix wurde von Albus Dumbledore während des Ersten Zauberer-krieges zum Kampf gegen Voldemort und seine dunklen Kräfte ins Leben gerufen. Zu den Mitgliedern des ersten Ordens zählten James und Lily Potter, Frank und Alice Longbottom sowie Sirius Black. „Zu erfahren, dass es diesen Orden gibt, hat einen großen Einfluss auf Harry", erklärt Daniel Radcliffe. „Diese Gruppe wurde von seinen Eltern gemeinsam mit Sirius, Lupin und allen anderen gegründet, die ihm am Herzen liegen. Er will seine Eltern rächen und zugleich wie sie sein." Mitglieder des zweiten Ordens, dem auch einige des ersten Ordens angehören, sind:

SIRIUS BLACK

Schauspieler Gary Oldman trug in *Harry Potter und der Gefan-gene von Askaban* unechte, faule Zähne und eine fettige, strähnige Perücke. In *Harry Potter und der Orden des Phönix* erscheint er heraus-geputzt mit samtenen Westen und Mänteln. Gary Oldman verrät jedoch: „Dort oben auf dem Podium mit dem Torbogen wird es ganz schön heiß, wenn du in zwei Lagen Samt den Zauber-stab schwingen musst. Da war es in der Gefängnismontur von Askaban viel kühler!"

KINGSLEY SHACKLEBOLT

Der Auror Kingsley Shacklebolt ist mit seiner blau-violetten Aufmachung im Stile einer nigerianischen Festtagskleidung eine eindrucksvolle Erscheinung. Die Stickereien darauf waren von afrikanischen Motiven inspiriert. Seine Kopfbedeckung ist aus schillernder Seide, die je nach Lichteinfall ihre Farbe ändert. Der Schauspieler George Harris fühlte sich mit der Kappe sehr wohl – sie hielt seinen Kopf bei Filmdrehs an kalten Locations schön warm.

NYMPHADORA TONKS

Tonks („Nenn mich niemals Nymphadora!") ist eine Aurorin. Für *Harry Potter und der Orden des Phönix* trug die Schauspielerin Natalia Tena einen langen Mantel, einen Kapuzenpulli, fingerlose Handschuhe und Stiefel. Sie fand, dass sie in ihrem Outfit kampfbereit, aber auch sehr cool aussah. In den Büchern ist ihr Haar bonbonrosa, für den Film wurde es aber lila gefärbt, damit es sich von Dolores Umbridges Rosa unterschied. In den späteren Filmen hat sie ihre natürliche braune Haarfarbe.

EXPECTO PATRONUM

Harry Potter bringt seinen Klassen-
kameraden knifflige Zaubersprüche bei
wie *Stupor*, *Expelliarmus*, *Reductio* und
den Spruch *Expecto Patronum*, den er
gegen die Dementoren einsetzt. Der
Patronus jedes Schülers, der jeweils
eine andere Gestalt hatte, entstand
mithilfe digitaler Effekte. Ron Weasleys Patronus, ein verspielter Hund,
bringt Neville Longbottom mittels
eines visuellen Effekts zu Fall.

RAUM DER WÜNSCHE

Die Schüler üben im Raum der Wünsche, der sich, wie Hermine erklärt,
stets den Bedürfnissen des Suchenden
anpasst. Das galt auch für die Bedürf-
nisse der Produzenten: In *Harry Potter
und der Feuerkelch* verwandelten sie
den Raum in das Pokalzimmer. In *Harry
Potter und der Halbblutprinz* ist er
vollgestopft mit Requisiten und dem
Verschwindekabinett, das Draco Malfoy
verwendet, um Todesser in Hogwarts
einzuschleusen.

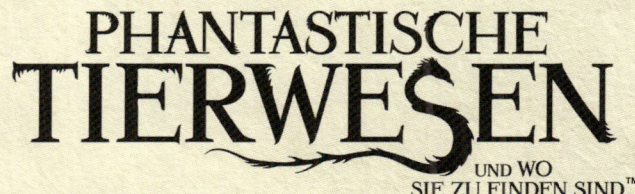

PHANTASTISCHE TIERWESEN
UND WO SIE ZU FINDEN SIND™

Wir schreiben das Jahr 1926, und New York City ist laut Regisseur David Yates „wie eine geschüttelte Champagnerflasche: sprudelnd, lebendig und elektrisierend!" Doch hinter dieser schönen Fassade wird die Zauberergemeinschaft von dunklen Kräften heimgesucht Das Geheimhaltungsabkommen, eine in Nordamerika nach den Hexenprozessen von Salem festgelegte Vorschrift, besagt, dass Zauberer unabhängig von den No-Maj („Nichtzauberer") leben und jegliche Enthüllung von Magie vermeiden müssen. Als der britische Zauberer Newt Scamander in die Stadt kommt, hat er keine Ahnung von diesem Gesetz. Nachdem die magischen Wesen, die er als Magizoologe gesammelt hat, Reißaus nehmen, muss er sie ausfindig machen, bevor die Zauberergemeinde auffliegt. Darüber hinaus treibt eine geheimnisvolle unsichtbare Macht in der Stadt ihr Unwesen; weltweit ist eine Jagd nach dem dunklen Zauberer Gellert Grindelwald im Gange, der aus Europa verschwunden ist; und eine fanatische Anti-Hexen-Organisation ist auf dem Vormarsch. Mit vereinten Kräften jedoch können Newt, die Schwestern Tina und Queenie Goldstein sowie ihr neu gewonnener Freund, der No-Maj Jacob Kowalski, all diese Herausforderungen meistern.

GEFAHRENSTUFENANZEIGER FÜR ZAUBEREIENTHÜLLUNG

Der Gefahrenstufenanzeiger für Zaubereienthüllung, der in der Eingangshalle des MACUSA hängt, ist eine Art vierseitige Uhr mit rund zwei Meter breiten Ziffernblättern, die das aktuelle Risiko einer Enthüllung der Zaubererschaft anzeigt. Darüber hinaus zeichnet sie das Vorkommen von Hexenjagden, Gedächtniszaubern und Enthüllungen auf. Für ihr Design sahen sich die Grafiker Uhren von Rathäusern und Bahnhöfen aus verschiedensten Epochen an. Gemeinsam mit der Requisitenabteilung entwickelten sie dann voll funktionsfähige Ziffernblätter und Steuerungen.

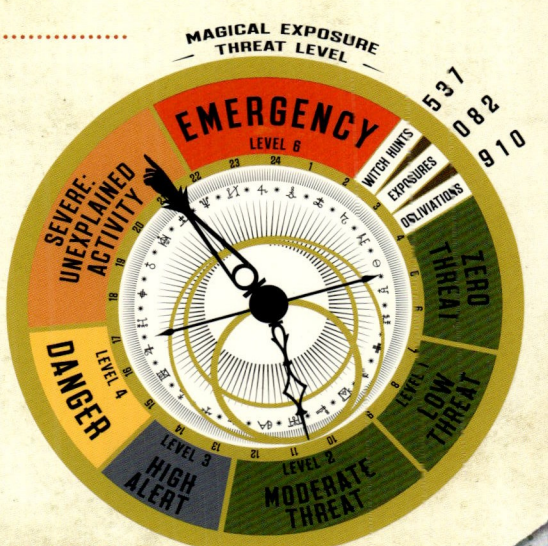

MAGICAL EXPOSURE THREAT LEVEL

537 082 910

EMERGENCY LEVEL 6

SEVERE: UNEXPLAINED ACTIVITY

WITCH HUNTS · EXPOSURES · OBLIVIATIONS

ZERO THREAT

LOW THREAT LEVEL 1

DANGER LEVEL 4

HIGH ALERT LEVEL 3

MODERATE THREAT LEVEL 2

VERHÖRRAUM UND TODESZELLE

Newt Scamander und Tina Goldstein werden in den unterirdischen Verhörraum des MACUSA gebracht, um dort zu Newts entwischten Geschöpfen befragt zu werden. Dann wird das Paar zum Tode verurteilt und in eine Todeszelle gebracht, wo ein Stuhl über einem Becken mit einer wogenden, tödlichen Zauberflüssigkeit schwebt. Damit Tina freiwillig im Stuhl Platz nimmt und sich der Vollstreckung nicht widersetzt, wirft die Vollstreckerin Tinas glückliche Erinnerungen in das Becken. Mithilfe zwei seiner Tierwesen gelingt es Newt, sich zu befreien und Tina in letzter Sekunde zu retten.

NEWT SCAMANDER

Schauspieler Eddie Redmayne beschreibt den Magizoologen Newt Scamander als einen „Mann mit einer Leidenschaft, und diese Leidenschaft gehört den Tieren. Unter Seinesgleichen fühlt er sich nicht besonders wohl. Die Leute scheinen ihn oft misszuverstehen, und er weiß nicht, warum das so ist. Es *interessiert* ihn aber auch nicht besonders." Vor Beginn der Dreharbeiten traf Eddie Wildhüter und Zoowärter. Dazu meint er: „Bei seiner Ankunft in New York beobachtet Newt die Stadt genau so wie ein natürliches Habitat. So, als ob er im Dschungel wäre. Dieser pulsierende Ort voller Leute ist etwas völlig Fremdartiges für ihn."

TINA GOLDSTEIN

Porpentina „Tina" Goldstein war früher einmal Aurorin des MACUSA, wurde aber abgesetzt und arbeitet nun im Amt für Zauberstabzulassung. „Sie hat die Regeln gebrochen, um jemanden in Not zu schützen", erklärt Schauspielerin Katherine Waterston. „Ich denke, sie ist wirklich stolz, dem MACUSA anzugehören, doch wenn es hart auf hart kommt, pfeift sie auch gern mal auf das Regelwerk." Als sie Newt erblickt, „weiß sie sofort, dass er etwas im Schilde führt, wenn auch nicht genau, was. Sie hat einen guten Instinkt."

QUEENIE GOLDSTEIN

Tinas jüngere Schwester Queenie arbeitet mit ihr im Amt für Zauberstabzulassung. Queenie ist eine Legilimentorin, das heißt, sie kann die Gedanken anderer Leute lesen. „Doch es sind nicht nur Gedanken", meint Schauspielerin Alison Sudol. „Sie kann in jemandes Geschichte eintauchen und in seine Wünsche hineinblicken." Alison beschreibt Queenie als „lustig, ausgelassen, fröhlich und offen ... und [sie] hat auch etwas Ruhiges an sich, da sie immer auf die anderen Leute eingeht. Ihre Figur ist also interessant zu spielen."

JACOB KOWALSKI

Nach Meinung von Schauspieler Dan Fogler konnte es der No-Maj Jacob mit allem aufnehmen: „Immerhin ist er aus dem Ersten Weltkrieg zurückgekehrt; er hat Schrecken und Chaos miterlebt, und doch immer Befehle befolgt. Er ist so ein loyaler Kerl, der bis zum Ende zu den anderen hält, egal was mit ihnen passiert. Und egal wie magisch, bizarr oder lächerlich es auch sein mag."

DIE PHILANTROPISCHE GESELLSCHAFT VON NEW SALEM

Das Ziel der Philantropischen Gesellschaft von New Salem (PGNS) unter Führung von Mary Lou Barebone ist es, Hexen und Zauberer zu enthüllen und die Öffentlichkeit darüber zu informieren, dass Magie existiert. Die Mitglieder bezeichnen sich selbst als „Zweite Salemer" in Anlehnung an jene Personen, die im 17. Jahrhundert in Nordamerika Hexenjagd betrieben. Mary Lou setzt hungrige Kinder, die sie auf der Straße aufgabelt, zum Verteilen der Flugblätter der PGNS ein. Im Gegenzug erhalten die Kinder warme Mahlzeiten.

Tina Goldstein interessiert sich für die Aktivitäten der Philantropischen Gesellschaft von New Salem und erblickt ausgerechnet bei einer Kundgebung der PGNS Newt Scamander, der ihre Aufmerksamkeit erregt. Newt weiß zu diesem Zeitpunkt noch nicht, dass Tina Mary Lou Barebone und den Zweiten Salemern nicht zum ersten Mal nachstellt. Nachdem Tina nämlich eingeschritten war, als Mary Lou Credence züchtigte, wurde sie ihres Amtes als Aurorin im MACUSA enthoben.

DAS BLINDE SCHWEIN

Um an entscheidende Hinweise bei der Suche nach den entfleuchten Tierwesen zu gelangen, besuchen Newt, Tina, Jacob und Queenie das *Blinde Schwein*, eine illegale Kneipe für Zauberer.

GNARLAK

Der Kobold Gnarlak, dem das Blinde Schwein gehört, entstand zwar im Computer, die Figur wurde aber von Ron Perlman dargestellt und synchronisiert, dessen Darbietung mittels Motion-Capture-Technik gefilmt wurde. Ron wurde gleichzeitig von hundert Kameras fotografiert, die Fotos von sämtlichen Gesichtsausdrücken machten, die er sich für die Figur ausdenken konnte. Da Ron Perlman, der in echt über 1,80 Meter groß ist, seine Szenen nicht direkt mit Eddie, Katherine, Alison und Dan drehen konnte, fungierte ein 1,20 Meter großer Schauspieler als Double. Dann kombinierte das Team für visuelle Effekte den digitalen Gnarlak mit den echten Filmaufnahmen.

GESUCHT!

Die Wände des Blinden Schweins sind mit Steckbriefen zugepflastert, von denen einige Stammgäste der Kneipe zeigen. Die Szene wurde zuerst mit Greenscreenpapier auf den Steckbriefen gedreht. Die Darsteller, die die Verbrecher mimten, wurden eigens gefilmt. Dann fügte das Team für visuelle Effekte das Filmmaterial in die Steckbriefe ein. Die Grafiker Miraphora Mina und Eduardo Lima entwarfen die Poster und benutzten für zwei der Ganoven sogar ihre eigenen Namen.

THE BLIND PIG

DER BASILISK

Der Basilisk, der in *Harry Potter und die Kammer des Schreckens* freigelassen wird, wurde vor fast tausend Jahren von Salazar Slytherin, einem der Gründer von Hogwarts, in der Kammer versteckt, da er muggelstämmige Schüler aus Hogwarts beseitigen wollte. Wer dem Ungetier direkt in die Augen blickt, stirbt sofort. Wer ihm nur indirekt durch einen Spiegel, eine Kameralinse oder einen Geist in die Augen sieht, wird versteinert. Dieser Zustand lässt sich nur durch einen Alraune-Wiederbelebungstrank beseitigen. Als weiteres Angriffsmittel verfügt der Basilisk über spitze, giftige Zähne.

Die Filmemacher hatten zunächst den Plan, den Basilisken mithilfe von Spezialeffekten zum Leben zu erwecken, hielten es dann aber für eine bessere Idee, Daniel Radcliffe (Harry Potter) gegen ein Modell der Schlange kämpfen zu lassen. Daher baute der Creature Shop eine etwa 12 Meter lange Skulptur, deren Augen, Nase und Maul sich bewegen ließen. Sogar die Zähne konnten nach hinten klappen, damit sich das Maul schließen ließ.

VERTEIDIGUNG GEGEN DIE DUNKLEN KÜNSTE

Die Schüler von Hogwarts erhalten Unterricht in Verteidigung gegen die dunklen Künste, wo sie alles über dunkle Gestalten, Zaubersprüche und Flüche erfahren und lernen, wie sie sich gegen die dunklen Kräfte zur Wehr setzen können. Das Klassenzimmer befand sich für Verteidigung gegen die dunklen Künste in einer Art Dachkammer, in die durch hohe Fenster jede Menge Licht flutete. Die Doppeltische, an denen die 36 Schüler saßen, mussten im Laufe der Jahre immer wieder an die Größe der Darsteller angepasst werden.

SEVERUS SNAPE

Ein Rätsel, das die gesamte Geschichte der Harry-Potter-Filme umspannte, war, ob die Loyalität von Severus Snape (Alan Rickman), dem Professor für Zaubertränke (und Widersacher von Harry Potter), Albus Dumbledore und Hogwarts oder Voldemort galt. Snape wirkt so dunkel wie seine Kleider, die eigentlich dunkelblau sind und nur im Film schwarz anmuten.

Die lange Schleppe spiegelt seine Verbindung zum Haus Slytherin wider: Sie ist geschlitzt und erinnert an die gespaltene Zunge einer Schlange. Alan Rickman war der Einzige, den J. K. Rowling zu Beginn der Dreharbeiten in Snapes wahre Gefühle für Harry Potter und seine Mutter Lily einweihte. Bis der letzte Film im Kino lief, hielt er sich aber bedeckt.

DUMBLEDORES ARMEE

Als sich in *Harry Potter und der Orden des Phönix* die Lehrerin für Verteidigung gegen die dunklen Künste, Dolores Umbridge, weigert, die Fünftklässler von Hogwarts in defensiver Magie zu unterweisen, erkennt Hermine Granger, dass die Schüler das Training selbst in die Hand nehmen müssen. Also bittet sie Harry, ihnen das beizubringen, was er gelernt hat. Sie bilden Dumbledores Armee, kurz DA – eine „Juniorversion" des Orden des Phönix.

MITGLIEDERLISTE VON DUMBLEDORES ARMEE

Die meisten der Unterschriften auf dem Pergamentpapier, das die Mitglieder von Dumbledores Armee auflistet, stammen von den Schauspielern selbst.

DER MAGISCHE KONGRESS DER VEREINIGTEN STAATEN VON AMERIKA

Beim Magischen Kongress der Vereinigten Staaten von Amerika (MACUSA) handelt es sich um die nordamerikanische Version des Zaubereiministeriums. Der MACUSA überwacht sämtliche Vorkommnisse zwischen den No-Majs und Zauberern – eine Aufgabe, die zu einem Zeitpunkt, da die magische Gemeinschaft aufgrund einer zerstörerischen geheimnisvollen Macht aufzufliegen droht, von wesentlicher Bedeutung ist.

Der Hauptsitz des MACUSA befindet sich im Woolworth Building, das 1926 das größte Gebäude der Stadt war. In der Eingangshalle des MACUSA steht eine Skulptur, die an die Hexenprozesse von Salem im Jahr 1692 erinnert – ein einschneidender Moment für das Verhältnis zwischen der amerikanischen Zauberergemeinschaft und den No-Majs.

Die Auroren des MACUSA haben die Aufgabe, Verbrechen zu untersuchen, die im Zusammenhang mit den dunklen Kräften stehen.

NEUE GEFAHREN

PERCIVAL GRAVES

Percival Graves ist der Direktor für magische Sicherheit des MACUSA. „Seine Aufgabe ist es, gegen verdächtige Personen, die scheinbar in Verbindung mit den dunklen Kräften stehen, zu ermitteln, sie zu überwachen und in Schach zu halten", erklärt Schauspieler Colin Farrell. Graves konsultiert eine Karte, die die Anwendung von Flüchen in den Vereinigten Staaten in Echtzeit anzeigt – ein ziemlich praktisches Hilfsmittel zur Überwachung des magischen Treibens. Doch Graves' Sorge um das Geheimhaltungsgesetz erweist sich nämlich als reiner Bluff – er entpuppt sich nämlich als verwandelter schwarz-magischer Zauberer Gellert Grindelwald!

PERCIVAL GRAVES

CREDENCE BAREBONE

Da seine Adoptivmutter eine radikale Hexenjagdorganisation anführt, muss Credence seine magischen Fähigkeiten verbergen. Dabei hat er allerdings nie gelernt, seine Kräfte zu kontrollieren, und wurde dafür anfällig, einen *Obscurus* zu entwickeln: eine unkontrollierbare, dunkle Macht, die ein Kind befällt, das seine Magie unterdrückt hat. „Wir alle haben mit traumatischen Erlebnissen zu kämpfen und begegnen Menschen, die noch schwerer damit zu kämpfen haben", meint Schauspieler Ezra Miller. „Meiner Meinung nach ist es selten, dass etwas, was der Fantasiewelt entstammt, wirklich etwas so Schmerzhaftes und Heikles anspricht. Für mich ist es ein wunderbares Geschenk, die Möglichkeit zu haben, dies sowohl aus magischer als auch aus menschlicher Perspektive herauszuarbeiten." Ezra weiter: „Ich denke, man kann nicht vor sich selbst davonlaufen. Man kann schon, aber wenn einen die Realität einholt, hat das schwerwiegende Folgen."

DER OBSCURUS

Beim Gestalten eines neuen magischen Gebildes für die Zauberwelt geht es darum, etwas Einzigartiges, Unbekanntes und Glaubwürdiges zu erschaffen. Der Obscurus ist eine bösartige, parasitäre, dunkle Macht, die aus einem jungen Menschen, der seine Magie unterdrückt hat, „herausplatzt", die Umgebung angreift und dann verschwindet. Auch die Visual Artists stellte er vor eine außergewöhnliche Herausforderung. „Der Entstehungsprozess war ein langer Weg und machte großen Spaß", meint Visual Effects Supervisor Tim Burke, „und anfangs war nicht einmal klar, was der Obscurus eigentlich war!"

Der Obscurus entwickelte sich von einem monsterartigen Wesen letztlich hin zu einer abstrakteren Form. „Es geht um Zorn und Wut und diese unglaublich starke Energie", erklärt Tim Burke. „Später beruhigt sie sich und verwandelt sich in dieses wunderschöne Kunstwerk. Es ist ziemlich anmutig und hypnotisierend – das ist definitiv keiner der üblichen visuellen Effekte im Kino."

Schauspieler Ezra Miller, der Credence verkörpert, war maßgeblich an der Gestaltung des Obscurus beteiligt. Tim Burke wollte Ezra zu Referenzzwecken fotografieren, doch der Schauspieler schlug ihm stattdessen vor, seine Eindrücke vom Obscurus zu filmen. „Er bot uns diese unglaubliche, furchterregende Darbietung, bei der er lauthals schrie und sich wild hin und her warf. Als Regisseur David Yates dieses Filmmaterial zu Gesicht bekam, staunte er: ‚Wow – das ist unser Obscurus.'"

OBSCURUS-VISIONEN

Percival Graves, bei dem es sich eigentlich um den verwandelten Gellert Grindelwald handelt, zeigt deshalb so besonderes Interesse an Credence, weil er eine Vision hatte, in der der junge Mann der Schlüssel zum Aufspüren des Obscurus ist. Grindelwald kommt nie auf die Idee, dass Credence selbst die Quelle des Obscurus sein könnte, da es keinen dokumentierten Fall eines Obscurials gibt, das älter wurde als zehn Jahre.

Geschrieben von Jody Revenson

Alle Rechte vorbehalten. Kein Teil dieser
Publikation darf ohne schriftliche Genehmigung in
irgendeiner Weise reproduziert werden.

J.K. ROWLING'S Wizarding World ™
Die dunklen Künste – Das Handbuch zu den Filmen
Deutschsprachige Ausgabe 2017 durch die Panini
Verlags GmbH, Rotebühlstraße 87, 70178 Stuttgart
Verlagsleitung (Books/Kids): Gabriele El Hag
Chefredaktion: Nicole Hoffart
Redaktion: Eva-Regine Rauch
Lektorat: Ray Bookmiller
Übersetzung: Barbara Knesl
Produktion: Print Company Verlagsges.m.b.H.
Manufactured in China by Insight Editions
ISBN 978-3-8332-3493-4
www.paninishop.de

Die Deutsche Nationalbibliothek verzeichnet diese
Publikation in der Deutschen Nationalbibliografie;
detaillierte bibliografische Daten sind im Internet
über http://dnb.d-nb.de abrufbar.

Englische Originalausgabe 2017

PO Box 3088
San Rafael, CA 94912
www.insighteditions.com

Publisher: Raoul Goff
Co-publisher: Michael Madden
Executive Editor: Vanessa Lopez
Art Director: Chrissy Kwasnik
Designer: Ashley Quackenbush
Project Editor: Greg Solano
Production Editor: Rachel Anderson
Production Managers: Thomas Chung,
Alix Nicholaeff, Lina sp Temena
Production Coordinator: Leeana Diaz
Production Assistant: Pauline Kerkhove Sellin

20175910R0

In memoriam
Traurigerweise haben seit Beendigung der Harry-
Potter-Filme einige Mitglieder die Zauberwelt für
immer verlassen. Stephenie McMillan, Ausstatterin
aller acht Filme, verstarb 2013, der Schauspieler
Dave Legeno, der den bedrohlichen Fenrir Greyback
darstellte, verstarb 2014, und im Jahr 2016 starb Alan
Rickman, der den faszinierenden Severus Snape ver-
körperte. Wir erheben unsere Zauberstäbe zu Ehren
dieser ganz besonderen Menschen, die mit ihrer Magie
die Harry-Potter-Filme unglaublich bereichert haben.